# Come trattare la MOGLIE
### Per farti trattare deliziosamente

Il matrimonio NON è la palestra per la santità.
Concediti un paio d'ore e scopri il metodo Totò.
E' facile – basta risvegliare la Sacra P interiore.
Pochi semplici passi e...

*(N.B.: Trattasi della Sacra Puttana interiore, che esiste in entrambi i sessi. Ovviamente nell'accezione più alta e pura del termine.*
*Con questo non intendiamo, in alcun modo, riferirci alle persone che praticano l'antico mestiere, che godono di tutta la nostra simpatia.*
*La Sacra Puttana è preziosa e può sterminare guerre sul nascere - potremmo definirla una sublime virtù dal potere inestimabile.)*

**Dedicato alla Sacra P,**
**Che colora e alleggerisce la vita.**
**- Che sia sempre con noi !!!**

## AVVISO IMPORTANTE

Leggere attentamente le controindicazioni e gli effetti collaterali del metodo, prima di proseguire con il testo.
Gli autori si astengono da qualsiasi tipo di responsabilità.

## LASCIATELO ALLA PORTATA DEI BAMBINI

Prima imparano meglio è – certo poi vi sarà un po' più difficile gestirli – ma vivranno alla grande.

## CONTROINDICAZIONI

Se hai già deciso di lasciare tua moglie, non provare nemmeno a leggere una pagina. Potrebbe cambiare qualcosa e lei, forse, non ti molla più.

## EFFETTI COLLATERALI

Non usare MAI il metodo con altre donne, soprattutto se poco intelligenti e non molto affidabili...
Le conseguenze potrebbero essere disastrose.

## CONSIGLI D'USO

Il metodo va benissimo anche per rimorchiare, ma NON funziona se la donna non ti piace per davvero; molto meglio se la ami.
*Se ne accorgono subito – non c'è niente da fare !!!*

## FALLIMENTO TOTALE SICURO E GARANTITO

In caso di mancanza di intelligenza, umorismo, sensibilità, interessi "trasversali"; ma soprattutto incapacità di tirar fuori la tua Sacra P interiore.

## QUESTO METODO E' SOLTANTO, RIPETIAMO SOLTANTO, PER GLI UOMINI IN BUONA FEDE

Se pensi di usarlo solo per spezzare dei preziosi cuori di donna: ESCI IMMEDIATMENTE DA QUESTE PAGINE, PRIMA CHE IL SACRO FEMMININO TI FULMINI !!!

## NON ECCEDERE MAI NELL'USO: E' CONTROPRODUCENTE !!!!!!!!!!!!!!!!!!!!!!!!!!!!!!!!!!!!!!!!!!!!!!!!!!!!!!!!!!!!!!!!!

Col tempo e la pratica imparerai le dosi e i tempi giusti. Usa un po' di cautela all'inizio e registra gli effetti. Ti aiuterà ad aggiustare il tiro.

## QUESTA E' UN'OPERA UFFICIALE DI PACE

Più Pace sotto le lenzuola = Più Pace nel Mondo.

Perdonateci se non trovate l'indice, ma è voluto.
E' meglio leggere tutto di seguito per apprendere a pieno il metodo.
Non preoccupatevi: il libro è breve, sicuramente non vi perderete. E ora, lasciatevi divertire.


Aulo Gellio, ancor più pigro di mio marito, scrisse appena due righe sul:

### COME TRATTARE LE MOGLI

" E' noto che Santippe, moglie del filosofo Socrate, fu assai bisbetica e litigiosa, essendo pronta ad erompere in ira e pedanterie femminili di giorno e di notte.
Alcibiade, discepolo di Socrate, venendo a conoscenza delle intemperanze della donna contro il marito, chiese a Socrate:
"Perché non cacci di casa una donna tanto cattiva?"
"Perché – disse Socrate – come la sopporto a casa, mi abituo e mi esercito per sopportare assai facilmente anche la petulanza e l'offesa degli altri nelle piazze."
Anche Varrone, nella satira Menippea "Riguardo al dovere del marito", scrisse:
" O educate o tollerate il vizio della moglie.
Colui che educa il vizio, rende la moglie assai piacevole;
colui che tollera, si rende migliore".
Infine, Varrone così decreta:
"Tolleriamo i vizi della moglie;
se non possono essere corretti e se possono essere tollerati dal marito, infatti i vizi sono più futili dei misfatti".

Chiediamo umilmente venia all'immenso Socrate, che fu talmente preso da questioni ben più grandi di sua moglie, al punto di scegliere la mera sopportazione.

Come ci scusiamo con Gellio, Varrone e con tutti gli
uomini che ancor oggi (pare che non sia cambiato molto in
questi millenni) si struggono sull'argomento.
Esiste per davvero una filosofia spicciola - spicciola su

## COME TRATTARE LA MOGLIE.

Ed ora, tra il serio e il molto faceto, ne parleremo.

Intanto vi dico che mio marito è talmente raffinato e
astuto nel metodo, che *sono io, la moglie, a scrivere*,
sebbene lo spunto derivi totalmente da LUI.
Ecco perché è, a tutti gli effetti, coautore di questa
raccolta, che tutti gli amici definiscono: "Strategia
Geniale" di funzionamento matrimoniale.
Ringrazio anche il nostro medico di famiglia;
che, ogni qual volta lo vedo, vuol conoscere l'ultima sortita
di Salvatore (Totò) , mio caro coniuge e, ahimè,
irresistibile ruffiano.
Non è semplice blandire una donna.
Blandire me poi, non è impresa da poco (chiedete pure in
giro), ma di fronte a certe battute ed escamotage si
ammorbidisce anche la moglie più esigente (quella che la
stragrande maggioranza degli uomini purtroppo definisce
*"rompicoglioni"*; o Santippe – se vogliamo usare un
eufemismo).
Donne, sorelle che leggete...

Non pensate neppure per un attimo ch'io abbia abbandonato la missione del femminismo.
Continuerò finché al mondo non ci sarà più nemmeno un'infibulazione.
Desidero solo portare un po' di leggerezza e seguire un'indicazione straordinaria datami da una vecchia saggia messicana (un'Abuela = Nonna) mentre praticavamo la capanna sudatoria.
La grande Abuela disse: *"In realtà gli uomini non vogliono trattare male le donne - è solo che non sanno come fare. Vanno educati."*
Per me sono parole sante.
Anche il migliore degli uomini ha difficoltà nel capire come trattarci.
Perché non dare loro una mano?
Noi saremo più felici e anche loro = doppia felicità.
Sapete qual è in realtà il paradosso estremo?
E' che gli uomini – non i maschi (quelli che del cervello hanno attiva solo la zona dell'ego, costituiti per il 90% di testosterone, il restante di gas intestinali e il cui cuore non può essere rilevato nemmeno sotto elettrocardiogramma, per capirci) - gli uomini di buona volontà, intendo, sono spesso molto meglio di come si presentano, di come parlano e si comportano.
Molti hanno solo bisogno di affinarsi un po'
(e poi non dite che non vi apprezziamo...).

Non è colpa vostra: la Natura vi ha strutturati così
(ognuno ha il suo karma - o kazz'ekarma - come
amichevolmente lo chiamo ogni tanto).

Leggete lo straordinario libro scritto da una coppia di
antropologi: "Perché le donne non sanno leggere le cartine
e gli uomini non si fermano mai a chiedere", di Allen e
Barbara Pease.

Illustra le diversità nei generi dello sviluppo del cervello,
oltre a molti altri aspetti interessanti.

Negli uomini, la parte dedita all'espressione dei
sentimenti pare un cecino secco secco;
nelle donne, una bella noce piena.

Non avvilitevi: avete altre capacità, almeno qualcuna
(scherzo... Lasciatevi prendere un po' in giro;
giocate con me, con lei, con tutte loro: tante cose si
appianeranno e vi apprezzeremo ancora di più).

Lo sapete, vero, che uno dei maggiori difetti che vi
attribuiamo è quello di essere noiosi?

Sì: sappiamo che non avete il ciclo, e che i vostri ormoni
sono sempre più o meno allo stesso livello, durante le
lunghe fasi delle vostre vite.

Dai quindici anni ai quaranta sempre pieni di
testosterone; dopo ...  dopo...

Noi, d'altro canto, vi sembriamo degli animali stranissimi.

Dei fenomeni paranormali, a volte.

Oddio, ora piange... Ma che le ho fatto?

Il metodo Totò consiglia di annotarsi il periodo del ciclo
della propria compagna.

Quando si avvicinano i fatidici giorni, non badate a tutto.

Non è solo una questione ormonale: lei si prepara a vivere, a livello più o meno inconscio, un piccolo lutto.

Anche se non sopporta i bambini, se non ne vuole nella maniera più assoluta o ne ha già avuti troppi,

Madre Natura le ricorda che non ha procreato.

Questo è uno dei motivi per cui piange e, magari, nemmeno lei sa perché lo sta facendo.

Comunque, ricordatevi che le donne in certe situazioni hanno proprio bisogno di piangere.

Per sfogare i sentimenti.

Al contrario di voi, che vi arrabbiate a sproposito.

Quando pare che abbiano dei momenti di sconforto assoluto (ovviamente se non è legato a un avvenimento o situazione contingente) stanno arrivando a un livello di coscienza "alterato", che in qualche modo può facilitare l'elaborazione di concetti o intuizioni straordinarie.

Affinano le percezioni e ribaltano il modo di vedere certe situazioni o modi di essere, propri e altrui.

E' una vera e propria ricerca nel dolore.

Rispettatela: è una manifestazione sacra della vita.

_Psst_: Parlatele di questi concetti sul ciclo, la sbalordirete... 1000 punti di bonus!!!

Per chi volesse approfondire – beh, questo è molto più complicato - gli studi astrologici aiutano molto.

Totò guarda spesso i transiti planetari, per cercare di farsi un'idea dei miei comportamenti.

Se vede che la luna mi gira proprio storta (in questo caso
è proprio in senso letterale) cerca di trovarsi qualche
impegno impellente fuori casa per lasciarmi un po' da sola.
Tanto sa che prima o poi sbollisco.
Potrei fare lo stesso, ma non è nella mia indole di
femmina e mi ritrovo a improvvisare.
Ma si sa... Alle donne piacciono le sorprese.

Totò non era consapevole del suo dono.

Io l'ho intravisto appena l'ho conosciuto, sebbene non emergesse ancora a livello verbale.

E' un certo modo di muoversi, di usare la mimica facciale, che invita a prestargli attenzione e - soprattutto – a intenerirsi.

Poche ore dopo averlo conosciuto, ho detto apertamente al maturo uomo siciliano: " Sei una puttana! "

… Sgranò gli occhi pieno di sconcerto: una donna straniera, di una certa età, che vive al nord osa dargli della puttana?

Grazie al cielo, siamo due ostinati sostenitori dei dibattiti sui massimi sistemi e questo mi ha permesso di spiegargli le virtù e i difetti archetipici della Sacra Puttana.

Quella parte che è dentro ognuno di noi, che è sempre molto soddisfatta quando riesce a risolvere i problemi con un solo sorriso ammiccante o con una battutina spiritosa.

Che spiazza persino l'impiegato statale, totalmente schiavo della sua stessa burocrazia.

Dovete riconoscere questa parte di voi, sia che siate donne o uomini.

E' una parte fantastica, che esprimiamo alla grande fino ai tre anni di età.

E' quella parte di noi che manda in visibilio i nonni e quasi tutte le persone che incontriamo.

L'attrazione spontanea che si prova verso molti bambini piccoli è dovuta proprio a quest'aspetto, così seduttivo.

Che ci fanno perdere, assieme a troppe altre cose, mentre cresciamo.

RIVENDICATE LA SACRA PUTTANA CHE E' IN VOI !!!

E' simpatica, buffa, seducente, spontanea, leggera, gioiosa, spiritosa.

Riconoscerla (soprattutto in te, UOMO) ti porge le chiavi d'accesso a molti meandri del regno femminile.

Ma –ripeto- ma...

Anche la più spenta delle Puttane interiori, può crescere e affinarsi per raggiungere grandi vette.

Basta qualche spunto.

L'iter non deve essere per forza progressivo;

anzi: meglio se non lo è; perché altrimenti si rischia di diventare prevedibili; e la prevedibilità non aiuta.

Non importa se i primi tempi dirai delle cose che sembrano strane.

Le donne sono attratte dai pensieri "peculiari".

Eravamo al secondo appuntamento, con Totò.

Lui, guardando dentro la mia valigia semi aperta, mi chiese:

"Scusa Maria... Porti sempre con te una TROMBETTA DA VIAGGIO?"

Inutile dirvi quanto ci abbia riso su con le mie amiche...

Aveva intravisto una piccola parte del mio phon giallo

(il resto era coperto dagli abiti) e l'immagine nella sua testa gli evocava una trombetta; la valigia = il viaggio.
Fuso, vero?
Scommetto che la maggior parte di voi si sarebbe vergognato a pronunciare un'assurdità simile.
Peccato.
Peccato: perché certe frasi esilaranti e strampalate aiutano a costruire un lessico personale della coppia, oltre a garantire un sacco di risate.

E' scontato dire che proprio vostra moglie, la vostra compagna, è il miglior coach possibile per sviluppare la Sacra Puttana interiore.
Per fare capire a Totò che era un po' troppo irascibile, nei primi tempi del matrimonio, gli ho regalato un osso!
Sì... Quegli ossi finti per i denti dei cani.
Ogni volta che si arrabbia a sproposito (almeno secondo me) gli dico: "Mordi l'osso!"
La tensione si attenua subito.
Le donne, cari Signori uomini, spesso proprio non capiscono perché vi arrabbiate.
Osservate il nostro modo di affrontare certe situazioni: vivrete meglio anche voi.
Quante volte vi sarà capitato di dover sopportare una situazione seccante, noiosa o addirittura estenuante, come un incredibile imbottigliamento in autostrada.
Dite la verità... Cosa fate, anzitutto? Vi arrabbiate!
Ma a che serve!

Così quella poveraccia accanto a voi, oltre a dover sopportare la coda, lo smog, la perdita di tempo e lo stress, deve sfinirsi appresso a voi.

La scena è quasi sempre la stessa per la maggior parte delle coppie: lui inizia con le parolacce, lei fa smorfie di sopportazione e sta zitta, perché teme una lite.

Lei cerca di calmarlo e lui a volte si arrabbia ancora di più: nella sua follia, pensa che lei non si sia accorta della situazione.

Ci accorgiamo benissimo delle situazioni; solo che cerchiamo di disperdere meno energie inutilmente.

Perché non approfittate della situazione per parlare dei vostri progetti, dei vostri sogni, magari elaborando delle idee assieme?

Tanto siete costretti lì, in quel momento.

Parlo di questa esperienza, abbastanza comune, perché rivela uno degli aspetti più incomprensibili tra uomo e donna.

Dopo litigi a ferro e fuoco, ho scoperto che
*fate così anche perché siete dispiaciuti per lei.*
*Perché avete paura che lei abbia fame, freddo o si stanchi.*
*Vi sentite responsabili; sentite di non aver fatto abbastanza per proteggerla.*
*Siete talmente incazzati con voi stessi che ve la prendete con tutto – peggiorando soltanto la situazione.*
*COMPLIMENTI!*

Nessuna donna può incolparvi di una situazione esterna che esula totalmente dalla vostra volontà.

Basta alleggerire la situazione;

oggi poi, con i telefonini potete anche approfittare del momento per chiamare gli amici e organizzare qualcosa.

O magari, perché no, cantare una canzone d'amore insieme... Può essere un risvolto romantico che dà ottimi frutti: meditate uomini... Meditate.

Ascoltate, osservate e chiedete alla vostra compagna cosa pensa della vita.

Come, secondo lei, andrebbe vissuta: scoprirete quanto le donne abbiano profondamente bisogno di armonia.

Per giungere a questa armonia coltivano da sempre *anche* la Sacra Puttana interiore.

E' quella parte di noi e di voi che vi ispirerà la parola giusta per uscire dai tanti momenti difficili, noiosi, pesanti e soprattutto quotidiani del rapporto, magari facendovi una bella risata insieme.

Sembra un controsenso, vero?

Il mondo femminile è maestro nell'integrare le cose più assurde.

Iniziate a conoscerlo meglio, Signori Mariti.

Più lo conosci, meglio reagisci.


E va bene: partiamo con l'indicazione PRINCIPALE...


Quanto ci tengono, le donne, alle parole?
Uno sproposito!

Accettate il fatto e non solo:

USATELO!!!

Volete che sia contenta?

Ricordatevi di dirle spesso

(SI: GLIELO DOVETE PROPRIO DIRE A PAROLE –
e nelle occasioni importanti rafforzate la dose,
scrivendoglielo):

**TI AMO.**

Questo deve essere come un farmaco salvavita –
da dare almeno una volta la settimana.

Se non lo fate, dopo un mese lei perde troppa tenerezza
nei vostri confronti –

vi sopporta molto meno –

i vostri calzini diventano sempre più puzzolenti, i vostri
rutti sempre più rumorosi e insopportabili, i vostri tempi
sempre più lunghi e ingiustificati.

Non glielo dovete dire come si dice trentatré dal
dottore: sussurrateglielo mentre la baciate ancora
sonnacchiosa nel letto.

Il momento del risveglio è molto importante, per la
maggior parte delle donne.

Più è dolce, più dolce sarà il resto della giornata
– anche per voi!

Va bene anche un sms – o una mail ma, per le ricorrenze
importanti, niente è più apprezzato di una lettera
d'amore.

Se non sapete che scrivere, nascondetevi dietro i puntini
di sospensione, prima di chiudere con: "ti amo".

Va bene solo per una volta o due, poi puzza!

Vi basterà per avere il tempo di sviluppare le vostre qualità e caratteristiche personali.

**N.B.**: E' già scritto tra le premesse del trattato, ma per evitare terribili conseguenze:
toglietevi subito dalla testa (soprattutto da quella inferiore) di poter abbindolare le vostre donne con questi accorgimenti.
Primo – se ne accorgono subito se non siete sinceri;
e se fingono di non accorgersene, è ancora peggio.
Secondo – usare scientemente il metodo in malafede vi causa un Karma terrificante:
vi si potrebbe seccare il pisello!

Oltre al fondamentale "TI AMO", ricordatevi:

- di risponderle con garbo;
ricordatevi dell'importanza che hanno le parole per le donne.
Meglio le rispondete, meglio vi tratta.
Tenete a mente la copertina di questo libro:
vi guiderà come Virgilio con Dante all'Inferno.
Sappiamo che qualche volta rispondete male perché non capite le nostre domande o quello che diciamo.

Le donne pensano sempre a un sacco di cose per volta e voi a UNA SOLA!

Non è colpa nostra se non riuscite a pensare ad almeno due cose alla volta.

**PER FAVORE** sforzatevi un po' o, almeno, tenete presente questo concetto importante, prima di pronunciare un "ma che ca.. dici?"

Se una donna deve fare una montagna di cose in poco tempo, risparmia energia persino sull'uso delle parole, per riuscire a fare tutto in tempo.

Non è così difficile capirla.

Spesso ci sono questioni quotidiane che si ripetono.

Ad esempio: *Mò che esci... Eh il latte, spazzatura, Monica, poi Davide e telefona.*

Vuol dire: esci subito per favore che serve il latte per cucinare; mentre ci sei butta la spazzatura, passa dalla vicina, Monica, e chiedile se sta bene, se ha bisogno di qualcosa; riporta a Davide il trapano che ci ha imprestato perché gli serve oggi, e ricordati di telefonare a tua madre altrimenti si lamenta.

Imparate a decodificare un po', altrimenti continueremo con la fatidica frase delle Mamme:

"Faccio prima a farlo che a dirtelo".

... E così si continua a rimandare, di generazione in generazione, una soluzione.

Già che siamo in argomento, trovate un modo inoppugnabile per comunicare gli impegni e le date importanti.

L'ultimo giorno utile per iscrivere il bimbo a scuola o una scadenza in banca devono essere scritti da qualche parte.
In una lavagna, magari.
Totò controlla la mia agendina da borsa (dove ovviamente annoto anche i suoi appuntamenti).
Sembra una questione ovvia, ma troppe volte non è affatto così; e non rispettare l'impegno ha troppe conseguenze su troppi livelli - non dico altro (mi lascio solo scappare che... Poi non ve ne potete uscire con la vostra fatidica frase: *"devi fidarti di me!"*...
Scordatevelo!!!)

- <u>di farla accomodare</u>, anche in casa ogni tanto; così le ricordate che è la vostra Regina

- <u>infilarle il cappotto</u> (sembra banale, ma non lo è per niente). In quel momento le state dicendo: ti voglio proteggere, ti abbraccio, ti avvolgo e ho cura di te... Mica poco, eh!

- <u>ringraziarla per la buona cena che ha preparato!</u>
E' frustrante cucinare, anche per chi ama la cucina.
E' frustrante perché lo devi fare tutti i giorni, come i letti, le pulizie e le mille commissioni.
Devi pensare a cosa fare, agli ingredienti; interrompere qualsiasi cosa tu stia facendo per fare tutto in orario.
E' un vero e proprio lavoro e non è mai retribuito.

Totò mi risponde che lo faccio anche per me.

Sì, è vero; ma per me farei cose più semplici – sono gli uomini che vogliono tutto più gustoso...

Ma avete le papille gustative spente?

Il suo "grazie per la cenetta" mi aiuta molto.

E' un riconoscimento, oltre che un ringraziamento.

Si, sì: lo so – oggi ci sono molti bravi mariti che cucinano.

Ne conosciamo diversi – l'unico problema è che non puliscono.

Un uomo che cucina e non lava i piatti è peggio di un coitus interruptus.

Mi toglie ogni godimento.

Forse avrò dei lettori che cucinano, lavano i piatti, i fornelli, ripongono tutto quanto e spazzano in cucina.

Se lo fate perché non reputate vostra moglie abbastanza precisa, come quelli (qualche volta del segno della Vergine) che stirano loro, perché alla moglie il colletto della camicia non viene perfetto;

beh... Mi impegnerò a perdonarvi.

Probabilmente vivere con voi può essere anche rassicurante: sarete ligi con le scadenze, attenti ai consumi, ordinati...

Ma non mortificate le vostre donne "creative": sono il sale della vita!

Se lo fate per aiutarla e vi piace farlo:

WOW! Siete già sulla strada per farvi adorare!

- <u>svolgere i vostri compiti di casa.</u>

Anche se non sopportate di fare un lavoro che è uno in casa - come il mio amato coniuge - per questioni di principio, per non fare sentire vostra moglie come una schiava, dovete impegnarvi in almeno un paio di mansioni. Scegliete quelle che vi costano meno – ma non c'è scampo.

... Svuotare la lavastoviglie, buttare la spazzatura, portar su la spesa (roba pesante da uomini), piantare i chiodi; almeno queste cose!

Altrimenti correte il rischio che vostra moglie si abbruttisca e VE LA FACCIA PAGARE PRIMA O POI; e pure in malo modo.

Uomo avvisato mezzo salvato.


- <u>ricordatele che la vedete sempre bella</u>.

Basta anche solo fermarsi un attimo in più sulla soglia di casa prima di uscire, e guardarla intensamente.

Pensate che siamo vanitose?

Non è così: ora vi spiego.

Immaginate di dover stare chini a pulire il water, strusciare i pavimenti, sporcarsi di farina, sudare mentre si stira, stare in piedi per ore e ritrovarsi con le gambe gonfie, avere solo pochi attimi per lavarti la faccia e pettinarti e avere tanti pensieri per la testa.

Inoltre: essere continuamente vessate da immagini pubblicitarie, che impongono dei canoni di bellezza assurdi. Oggi più che mai.

Una sera stavo guardando in tv una rassegna sugli spot sexy, dagli anni 70 in poi.

Fino all'inizio degli anni 80, le tette che vedevo assomigliavano molto alle mie;
ma, dalla fine degli anni 80, erano sempre sode come appena spuntate e con il capezzolo all'insù.
Per mantenersi così non è possibile invecchiare, fare figli, avere dei dispiaceri e soprattutto occuparsi di una famiglia.
Devi stare tutto il giorno in palestra, passando dal massaggiatore all'estetista e infine dal parrucchiere.
Non puoi nemmeno avere il tempo di coltivarti il cervello.
Come possiamo reggere una pressione simile?
E poi c'è l'immaginario romantico della donna, dove permane comunque il desiderio di sentirsi belle e attraenti, come il primo giorno dell'incontro con il nostro innamorato.
Un po' da diabete, per alcuni di voi;
ma non disprezzate troppo, perché è lo stesso romanticismo che fa di voi dei principi azzurri.
*Quindi, per favore, non guardate le tette al silicone che passano per strada, soprattutto in presenza della vostra compagna!*
E' un'umiliazione terribile, per noi.
Quando vostra moglie vi chiede se starebbe meglio con le meches o con i capelli rossi, spesso rispondete:
"fai come vuoi, per me stai bene uguale".
E qui ci mettete veramente in crisi.
Questo tipo di frase, per una donna che si sente un po' insicura sul proprio aspetto, può significare:

"tanto sono brutta lo stesso".

O peggio: tanto non mi guarda nemmeno più.

Vero è che, a una donna più matura, che ha condiviso l'argomento molte volte con le amiche, scappa da ridere.

Perché ci scappa da ridere?

Perché a volte vediamo cose di voi che nemmeno immaginate.

Probabilmente la maggior parte di voi è sincero, quando pronuncia questo tipo di risposta, un po' ruvida e un po' ambigua per una donna.

Perché, in verità, non fate particolare attenzione ai dettagli di una donna.

Ma... Ma... Anche il più santo fra voi rimane, almeno per un attimo, attratto da una donna un po' appariscente.

Non ci chiedete mai di osare un colore o un abbigliamento diverso ma, quando lo facciamo, sentiamo immediatamente il piacere che ne provate.

Chi vi studia (sono molte le donne che leggono trattati sulla psicologia maschile, per cercare sinceramente di capirvi un po' meglio) e vi ama, sa che il canale visivo è dominante in voi.

Insomma... Con garbo, per scherzo e al momento opportuno, regalate qualcosa di particolare alla vostra mogliettina.

Potrà capire i vostri gusti e venirvi incontro ogni tanto - anche solo per gioco, perché è difficile che abbiate gli stessi gusti per i dettagli.

Per tornare all'importanza di ricordare alla vostra donna quanto è bella, vi riporto un esempio particolare.

Mio Padre raccontava sempre, con entusiasmo, di un incontro straordinario che ebbe negli anni 50 nel New Jersey, dove faceva lo chef in un ristorante italiano. Erano anni in cui il puritanesimo americano imperava, e vedere una limousine delle dimensioni di un sottomarino russo accostarsi alla porta sul retro del locale per far scendere ben undici donne completamente velate di nero, seguite da uno sceicco arabo, era una scena da cinematografo.

La strana dozzina s'infilò di gran carriera nella saletta riservata e il vociare in cucina scoppiò.

Ma sono tutte mogli?

No... Rispondeva Dottolo: possono avere solo quattro mogli ufficiali.

Ma allora le altre? Le chiamano concubine.

"*Oh Belin, che casin*", esclamavano tutti i vecchi liguri, ex naviganti in cucina.

Il tipico uomo ligure di un tempo era molto pragmatico. Mio Padre voleva solo sapere come faceva quest'unico uomo a farle andare tutte d'accordo.

Fece l'impossibile per strabiliare tutti quei palati, con la speranza che arrivasse il momento dei complimenti allo Chef.

Il momento arrivò e, finalmente, facendosi coraggio chiese allo sceicco:

"Come fa a farle andare tutte d'accordo?"

Lo sceicco col grande sorriso baldanzoso di chi si aspetta questo genere di domanda, risponde:

"Basta che a ognuna dica che è la più bella."

A mio Padre stava per scappare: "Tutto qui?"

Non era tutto lì: ognuna di loro aveva addosso più oro della Madonna di Pompei in processione, viaggiava nel lusso assoluto e disponeva di servitori personali.

Comunque, il compito dell'uomo di casa era di ricordare a ogni concubina quanto fosse bella;

in questo caso: la PIU' bella di tutte.

Tornando alla Liguria di un tempo, i liguri stessi hanno sempre scherzato sulla loro "parsimonia".

La vecchia barzelletta sulla moglie genovese più economa diceva più o meno così:

- mia moglie è tanto *economica* che usa i fondi del caffè tre volte.

- La mia ricicla i vermi del formaggio.

- Ehhh, la mia è tanto *economica* che usa quello degli altri!!!


- <u>I vostri rumori corporali annientano l'attrazione nei vostri confronti.</u>

Sì: avete capito benissimo a cosa mi riferisco.

Basta, finitela subito con la storia che ora che siamo sposati c'è confidenza.

Per una donna la confidenza è parlare delle proprie paure nascoste, non scoreggiare!!!

Il dramma è che vi piace proprio.

Fare rumore in generale vi piace, come i ragazzini che accelerano all'infinito persino sui motorini di undicesima mano, che stanno su solo grazie al bostik.
Come fate a fare un fracasso simile solo per starnutire?
Appartatevi, se proprio non riuscite a controllarvi.
Totò dice, con tono provocatorio da Lord:
"Mi ritiro nelle mie stanze",
ed io evito quella parte di casa.
Proprio GODETE nel far "rumore": tra i libri che Totò tiene in maggior considerazione, ho avuto modo di vedere un trattato francese del 700 dal titolo:
"L'Art de Peter".
Devo aggiungere altro???


- <u>Ogni tanto regalatele un fiore</u>, un cioccolatino, senza aspettare una ricorrenza particolare.
E' un modo carino di ricordarle che è nei tuoi pensieri anche quando sei fuori al lavoro o a passeggio.
Vi garantisco che lo apprezzerà moltissimo.
<u>Psst</u>... Controindicazione: se ti sei comportato maluccio da un po' di tempo a questa parte, lei si potrebbe insospettire e/o temere un'altra marachella in arrivo.


- <u>Fatela ridere!!!</u>
Un uomo spiritoso è sempre tenuto in gran considerazione –
l'importante è che non faccia soltanto ridere...

\- <u>Sei stanco, hai avuto una brutta giornata e non sai proprio che dirle?</u>

Basta una carezza.

Lei vedrà le tue occhiaie, il tuo viso sconvolto e farà il possibile per aiutarti a rilassarti.

Ora che abbiamo accennato le questioni basilari e scherzato un po' assieme, vogliamo trasmettervi delle

CHIAVI D'ORO.

Dei veri e propri passepartout, utilissimi in infinite circostanze:

- Iniziamo dall'esempio che è sulla copertina.
Lei arriva furibonda (anche a ragion veduta) perché ha bisogno di spostare l'armadio; non riesce a farlo da sola, vi chiama da un po' di tempo e voi nemmeno rispondete.
Perché non rispondete?
Davvero non avete sentito?
NON PENSATE MAI CHE SE NON RISPONDETE LE PASSA, O TANTO MENO CHE SE NE SCORDERA'.
Questo lo fate voi - le donne no!
Se aveste davvero una minima idea di tutti i pensieri che teniamo contemporaneamente in testa, anche solo per la buona conduzione della casa – impazzireste subito!
*Mentre metto su la lavatrice, faccio i letti e uso l'auricolare per prenotare la spesa e sentire come sta la zia; nel frattempo tengo d'occhio la pentola, mentre m'infilo le pattine; così inizio a spolverare almeno dove riesco a passare e ascolto il cd di musicoterapia.*
Questa è la nostra norma.
Come fate a non capire che ci arrabbiamo se ci intralciate od ostacolate?
Posso fare un inciso?

Ma sì, me lo concedo: come fanno gli uomini a governare una Nazione se non riescono a governare una casa?

Come nell'infinitamente piccolo, così nell'infinitamente grande!

Perché non approfittare delle straordinarie capacità femminili di organizzazione, anche economiche (una massaia che cresce due figli con il solo stipendio da operaio del marito e senza far mancare il necessario in casa, è molto più in gamba di certi titolati...) per ottimizzare le risorse del nostro Paese?

Torniamo a lei.

Che giustamente urla un po', perché non state rallentando una sola operazione ma, come minimo, due.

Che direbbe la maggior parte degli uomini?

Eh va beh... Non ho sentito - che ca... vuoi ?!?!

A questo punto, potete solo aspettarvi una lite.

Primo, perché l'avete offesa; secondo, perché non apprezzate tutto il lavoro che fa e di cui non vi rendete nemmeno conto (nella maggior parte dei casi); terzo, la fate sentire sempre più "Desperate Housewife", sempre più frustrata.

Come mi ha placata Totò?

**"Ma Amore, tu cinguetti".**

FREGATA IN PIENO –

Certo: non potrà avvalersene più di qualche volta, ma è probabile che partorirà qualche altra sortita.

Se vostra moglie fuma tre pacchetti di sigarette al giorno e beve un litrozzo di whisky ogni sera, forse dovrete aggiustare un po' la frase; magari dicendole che vi piace la potenza vibratoria della sua voce.
Ma il concetto di base rimane:
APPREZZATELA, a partire dalla sua voce.


- Lei si dimentica di farvi delle commissioni?
Oppure è da un po' di tempo che cucina un po' troppo sbrigativamente, anche se non – ripeto non - è un momento particolare?
Provate con:
*"**Mi sento un po' trascurato**"* –
Questa chiave è forse la più pericolosa da usare, perché lei potrebbe rispondere allo stesso modo -
Dovete augurarvi di non averla trascurata voi per primi.
Se così fosse, con questa frase o nasce una bella lite chiarificatrice (e facendo pace stabilirete le vostre intenzioni di trattarvi reciprocamente meglio, con tanto di effusioni) oppure.........
Ragazzi, vi siete cacciati in un mare di guai!
E' una donna che scrive, ispirata da un uomo;
ma sempre femmina sono, e vi dico di non trascurare la vostra compagna, perché è preziosa.
Se invece siete tranquilli con voi stessi e oggettivamente vi prendete la giusta cura di vostra moglie,

questa frase la commuoverà, toccherà immediatamente le sue corde materne e vi coccolerà più del solito per un po' di tempo.
Oppure fino alla vostra prossima "cavolata" – diciamo così.


- Desiderate una cosa e intuite (un uomo che intuisce, per noi è il massimo) che lei non ha molta voglia.
Ovviamente se si tratta di sesso dovrete impegnarvi un po' di più (tanto lo so che stavate pensando a questo...
Ma ora cercate di governarvi in qualche modo e ascoltate me – non lui!).
Vi faccio un esempio.
Non amo il Natale – mi rattrista - e quest'anno non avevo proprio voglia di addobbare la casa.
Totò invece aveva bisogno di un po' di clima natalizio.
Che fareste voi?  Come vi comportereste?
Vi darò tre opzioni, dalle sfumature di ruffianeria crescenti:


1- Le dite che vi piacciono molto le decorazioni, che vi fanno respirare l'atmosfera della vostra infanzia e ascoltate le sue risposte.
Può bastare - come anche no.


2- Vi offrite gentilmente di aiutarla, partendo dalla scusa delle luci esterne, dicendo che è un lavoro più da uomini.

Rincarate la dose dicendo che sarà divertente e probabilmente entro sera la casa sembrerà una succursale del villaggio di Babbo Natale, oppure...

3- Tirate fuori la Sacra P e dite:
Facciamo anche solo un PRESEPINO ?
Come per dire: mi accontento di così poco, di una cosa così piccola – come fai a negarmela?
Attenzione però: rileggete le avvertenze.
Funziona se non esagerate;
altrimenti vi si rivolta contro.

- Lei vi preannuncia che vuole fare una cosa un po' folle e voi siete un po' sconcertati;
ad esempio: fra qualche anno, quando avrò più capelli bianchi, vorrei tingermi i capelli d'azzurro.
Per vedere l'effetto che fa, ho comprato una parrucca di quel colore e ho fatto uno dei miei tanti scherzi a Totò: l'ho indossata con nonchalance in casa.
Mio marito mi ha guardata un paio di volte, per capire se vedeva bene e sospirando ha detto:
_*"Non sei ancora pronta per questo colore"* e ha aggiunto: *"Ma soprattutto, Amore, è il mondo a non essere ancora pronto a vederti così"*.
Conoscendomi, non si è nemmeno chiesto se fosse solo uno scherzo: ha pensato subito che fossi intenzionata a tingermi la testa e che facevo soltanto una prova generale prima dell'opera: l'ho addestrato a molte cose.

Senza scomporsi più di tanto (apparentemente... Ed anche questo fa parte del gioco di una Puttana autentica) snocciola la formula: non sei ancora pronta.
Ci sono talmente tanti modi per dire le cose...
Potete personalizzare la frase in mille modi, per le molte e varie evenienze.

- Forse vostra moglie qualche volta, un po' per gioco e un po' per stanchezza, può avervi detto:
BASTA! TI PORTO ALL'OSPIZIO!
O qualcosa del genere.
Ebbene sì: l'ho detto anch'io;
perché non credo esista una donna in grado di comprendere come riuscite a shiftare, quasi a comando e SEMPRE, su un riposo totale.
Pare addirittura che in certi momenti siate in assenza totale di pensiero – un nirvana da illuminati.
C'è un comico americano che spiega come abbiate una sezione del cervello completamente vuota, dove riuscite a rifugiarvi ogni volta che volete.
Cerca di spiegare alle donne quanto sia bello e importante usufruire di un rifugio simile, e di quanto possa essere salvifico.
Noi rimaniamo affascinate, perché a volte vorremmo proprio riuscirci; ma ci lasciamo invece tormentare dai mille pensieri che affollano continuamente le nostre giornate.

Non riesco a rilassarmi completamente, finché non ho sistemato una ventina di cose – voi invece avete il dono della "Scatola Vuota" - così il comico definisce quella vostra parte di cervello.

Decidete di riposarvi e nulla più vi turba.

Difficilmente noi donne possiamo accedere alla scatola vuota e, forse per frustrazione, forse per invidia (o più probabilmente perché ve ne approfittate un po' troppo) vi vediamo a volte come dei vecchietti;

amorfi, spenti, svogliati.

Lì scatta la voglia di spedirvi all'ospizio.

Ogni tanto mi prende l'irresistibile voglia di dirlo e mio marito, senza scomporsi, mi risponde:

***"Basta che mi vieni a trovare"***

Con questo mi dice, scherzando, che accetta la mia decisione; ma che mi ama comunque e che desidera rimanere con me.

Fetente, vero???


- Siete già avanti con il metodo.

Lei, rapita da profonda tenerezza e sentendosi totalmente libera di essere se stessa con voi (è un regalo magnifico da scambiarsi) si prodiga in tante piccole attenzioni nei vostri confronti.

Poiché anche lei è detentrice della Sacra Puttana, per sacro diritto di nascita, potrebbe chiedervi, come ogni volta faccio anch'io al mio caro coniuge,

mentre gli porgo la mela sbucciata:

Ma quanto sei viziato?
Cosa mi risponde???
"IL GIUSTO."
... Cosa si può replicare ?

- Questa ve la regalo io, una moglie.
Non capite perché è arrabbiata;
argomenta cose che per voi sono letteralmente assurde.
Più chiedete spiegazioni più lei si sente incompresa e
avvilita e voi vi arrabbiate sempre più
(ammettetelo: questa è la vostra prima reazione).
Fermatevi un istante e con voce pacata – perché se urlate
non fate altro che irrigidire la situazione –
potete dirle qualcosa del genere:
*Dai Amore, aiutami: sto cercando di capirti, vienimi
incontro – lo sai che gli uomini vedono le cose
diversamente.*
C'è una bellissima massima, che dice più o meno così:
Perché quando due persone litigano, urlano?
Perché si sono allontanate e non riescono più a sentirsi.
- Usate l'atteggiamento giusto - uomini.
E vedrete come si squaglieranno subito le vostre mogli, le
vostre mamme, le vostre sorelle, amiche, amanti,
colleghe... Insomma, noi tutte.

Vi ho accennato i capisaldi che potete adottare
all'occorrenza.

Sono certa che, partendo da questi pochissimi presupposti di base (Sacra P in testa), svilupperete delle straordinarie personalizzazioni.

Non illudetevi, con questo, di poter comunque seminare i calzini per tutta casa; di costringere vostra moglie a sentire le partite di calcio a tutto volume (a meno che non sia tifosa – ma è difficile per noi capire che cosa ci troviate – soprattutto se l'unico vostro sport attivo è passare dal divano al letto) e continuare con alcune abitudini personali da Neanderthal.

Ma con un minimo di attenzione in più – qui vige la democrazia e la par condicio - potrete invitarla a: spendere di meno per gli abiti (perché si sentirà più bella e avrà meno bisogno di orpelli), preoccuparsi un po' meno delle pulizie di casa (perché si sentirà aiutata, almeno a livello morale) e il resto, lo lascio alla vostra bravura.

Mi (ci) farebbe un enorme piacere sentire i vostri commenti, i vostri risultati, col metodo Totò.

Come potrebbe essere altrimenti...

L'istituzione del matrimonio esiste da millenni e siamo ancora qui a discuterne....

## PICCOLI EFFETTI COLLATERALI -IMPREVEDIBILI- del metodo Totò.

Con questo metodo, la moglie si sente anche più libera di esprimersi, di essere se stessa, di giocare;
e può arrivare al punto di non tenere sempre presenti le circostanze esterne.
Può essere divertente o appena imbarazzante.
Un pomeriggio Totò ricevette due clienti a casa.
Mi rifugiai in cucina, perché in quel momento non me la sentivo di fare la perfetta padroncina di casa, col solito vassoio pieno di ottimi caffè e biscotti.
A un certo momento sento che Totò apre la porta e saluta.
Ooohhhh, finalmente libera, pensai!
Saltellando come una donzella la sera prima del dì di festa, intonavo con voce tutta squillante:
TOOO-TOOO-LIII-NOOOOOOO !!!
Balzellando arrivo sulla soglia del suo studio bibliografico e vedo che solo un cliente era uscito: l'altro era ancora lì, che sfogliava un libro antico fingendo di non aver sentito!
Totò risponde, apparentemente impassibile:
" Sì, Maria: dimmi."
Dissimulai e chiesi al Signore se gradiva un caffè.
Farfugliò un: "No grazie", e disse che sarebbe tornato un'altra volta.
Per fortuna tornò dopo qualche tempo.

Forse il tempo che gli era occorso per riuscire a non ridere in nostra presenza.

Ma caro Signore, saremmo stati lieti di ridere assieme a Lei.

PAGINA DEDICATA **SOLTANTO** ALLE MOGLI.

Passale il libro e non sbirciare!

Care Mogli,
compagne e sorelle di questo incredibile viaggio che
chiamano vita e, più nello specifico: matrimonio, non posso
dirvi niente di succoso in questa sede, perché ovviamente
tutti i mariti staranno leggendo soprattutto questa
pagina.
Dato che non possono ammettere d'aver letto,
possiamo sfogarci un attimo.
Ma prima, voglio dirvi che negli anni ho parlato con tante
donne di tutte le età, razze, religioni, ma sinceramente la
sostanza non cambia molto.
Abbiamo riso e ci siamo arrabbiate sulle stesse questioni.
Alcune splendide donne mi hanno trasmesso degli
accorgimenti preziosi, che non posso pronunciare ora che
ci spiano, perché altrimenti è finita!
Cercherò il modo di condividere assieme a voi.
Visto che ora i cari mariti non possono obiettare, perché
sono ospiti abusivi di questo piccolo spazio femminile,
diciamocelo: a volte proprio non ci arrivano.
Non è colpa loro; forse è un po' colpa delle Madri, che li
viziano troppo o che non hanno voglia di insegnar loro le
cose.
La maggior parte è in buona fede.

Quelli che non lo sono, non sono degni della nostra attenzione e probabilmente passeranno le loro vite tra un divorzio e l'altro.

Quelli in buona fede non farebbero o direbbero certe cose, se sapessero di ferirci.

Sono talmente diversi da noi, persino a livello spirituale, che non c'è da stupirsi se ancora non ci capiamo, a volte.

L'evoluzione della donna parte dal cuore e fatica a razionalizzare l'immenso mondo colmo di emozioni, sentimenti e intuizioni (il famoso intuito femminile); e proprio dal cuore parte l'input verso l'uomo, anche durante i rapporti intimi.

Se avete voglia di approfondire, potete divertirvi con un libro sul Tantra (è un'antica arte appartenente alla filosofia Yoga, che illustra tecniche che permettono rapporti sessuali più appaganti, anche a livello spirituale).

L'evoluzione personale e spirituale dell'uomo, solitamente parte invece dalla mente, e fatica ad ancorarsi nel cuore.

Più di un uomo mi ha parlato del profondo disagio e dolore causati dalla preponderanza del loro mentale.

Quando non sono ancora riusciti a collegarsi al cuore, alle emozioni, vivono in uno stato di distacco tale, che tutto sembra soltanto un sogno quasi spaventoso.

Nel rapporto intimo, l'uomo fornisce l'input mentale alla donna (di cui lei può avere bisogno) e, quando va bene, riceve l'input dal cuore femminile.

Pare semplice, naturale, facile... No?

Balle! Ci stiamo ancora provando!

Se la maggior parte dell'umanità fosse già capace di questo, avremmo un mondo colmo di Pace.

Ma torniamo alle piccole mancanze degli uomini.
Loro sono più semplici; hanno meno sfumature, perché hanno più forza fisica e meno acciacchi.
Se avessero il ciclo, anche una sola volta nella vita, credo che la metà di loro impazzirebbe.
Purtroppo, le molte sovrastrutture sociali e il nostro allontanamento da Madre Natura hanno reso tutto quanto più doloroso, per noi donne.
Ci sentiamo debilitate, in qualche modo e dobbiamo aguzzare, sviluppare altre qualità per compensare le defiances del momento.
Loro, gli uomini, non ne hanno bisogno; possono contare sempre sulle stesse forze e finiscono così col cristallizzare il loro modo di essere.
In confidenza: per cosa rompono gli uomini, soprattutto la mattina?
Se non sono andati bene di corpo - rompono tutto il giorno!
E noi cretine a interrogarci su cosa possano avere, sul perché siano così imbronciati e nervosi.
Allora ti siedi accanto a lui e gli chiedi dolcemente cosa succede... E lui ti dice che non è andato bene di corpo!
Lì dobbiamo accettare così perché, a pensarci bene, è proprio questa loro parte infantile, che più ci intenerisce.

Il discorso della cacca vale, per quel che ho sentito, per tutti gli uomini, intellettuali in testa.
Hanno paura del dolore, proprio e altrui, perché non sanno come gestirlo.
Non possono combatterlo, vincerlo con i loro soliti mezzi; quindi lo detestano e si spaventano.

Stiamo insieme dall'inizio dei tempi e continuiamo e cercarci. Perché?
Non è mica più solo per la procreazione.
Oggi ci possiamo gestire un bimbo da sole.
Basta una mezz'ora con un bel fusto per farci mettere incinte e poi arrivederci e grazie.
Ma noi non vogliamo questo; gran parte delle donne vuole accudire il proprio uomo.
Siamo comunque sempre Madri, ed è una virtù ed un istinto potente.
Ora basta, avete sbirciato abbastanza lo spazio sacro delle donne !!!
Se non vi è piaciuto quel che avete letto è colpa vostra.

## A PROPOSITO DI SESSO....

PRIMA dovete leggere tutte le pagine precedenti
– non potete saltare il resto ed arrivare qui.
Se saltate tutti i passaggi, il metodo NON funziona.

OK, mariti, so qual è la vostra domanda principale:

*perché ne ha sempre così poca voglia?*
*Perché da fidanzati lo facevamo più spesso?*

Non solo occorre tenere presente l'antica massima
napoletana:
" U c... non à da tené pensieri"; che ovviamente vale
anche, e forse maggiormente, per le donne.
Ma questa è solo un'indicazione generica.
Lasciate stare i soliti cliché ...
Champagne, fragole e stereotipi simili
(a meno che lei non ne vada matta).
Per molte di noi, questi simboli diventano subito noiosi e
ripetitivi.
Molto meglio improvvisare e, soprattutto, variare.
Ma entriamo più nello specifico, partendo dal periodo del
fidanzamento.
Da fidanzati, lei viveva coi suoi genitori oppure da sola;
conseguentemente aveva molto più tempo per dedicarsi a
se stessa.

Che significa? Significa che aveva il tempo e la predisposizione d'animo per curarsi.

Poteva farsi un bel bagno caldo profumato, depilarsi, farsi la mascherina al viso, laccarsi le unghie, mettersi i bigodini, ascoltare musica, scegliere con calma la biancheria, gli abiti, gli accessori.

Mentre faceva tutto ciò, fantasticava un po' su come sarebbe andata la serata, su quale ristorante avreste scelto, di che avreste parlato.

Tutto ciò per una donna è uno dei preliminari fondamentali.

Lei, curata da testa a piedi, si sente pronta a mostrarsi. Lei, pensando alla situazione, lascia libero spazio mentale alle sue fantasie e ... e ... Soprattutto, non è già stressata per le tante incombenze che la convivenza impone.

Non fraintendetemi: non intendo avallare in alcun modo i tanti detti così tristi e anche un po' squallidi sul matrimonio.

Sto solo cercando di spiegarvi cosa succede e i possibili risvolti.

Cerco di essere più chiara: da fidanzati, avreste mai immaginato che potesse darvi fastidio il modo in cui lei spreme il tubetto del dentifricio?

Avreste mai sospettato che avreste notato il modo in cui lei appende il rotolo dello scottex al sostegno (questa è fresca, dell'altro giorno – dopo otto anni di matrimonio)? Credo proprio di no.

Sembrano fesserie da poco, e in realtà lo sono;

ma, battutina dopo battutina, anche solo per inezie del genere e lei ha già abbassato la saracinesca.

Per inciso: alcune coppie vivono delle dinamiche particolari; per cui amano litigare, anche furiosamente, per poi avere un rapporto intimo particolarmente veemente.

A ciascuno il suo, ma non molte donne amano questo tipo di sessualità.

La maggior parte delle donne, per fortuna o per disgrazia - sinceramente non l'abbiamo ancora capito - è romantica.

Da fidanzati, non si vedeva l'ora di incontrarsi per lasciare tutto il resto del mondo fuori.

Da sposati, tutto il mondo sembra mettersi di mezzo.

Avrete notato che scattano altri meccanismi, che aumenta in maniera esponenziale la confidenza, che ci si affeziona all'altro sempre più, che l'innamoramento lascia spazio a un amore più profondo e reale.

Con questo non voglio dire che il talamo viene abbandonato, va solo custodito meglio.

Quando gli amici dicono di portarla fuori a cena per rinverdire la passione, non pensate che ce ne sia bisogno perché lei vi ama di meno.

Molto probabilmente vi ama ancora di più, altrimenti avrebbe già chiesto la separazione.

Ha solo bisogno, di tanto in tanto, di "farsi bella"; prima di tutto per se stessa e per il suo uomo.

Sentendosi bella, divertita dalla serata, si rilassa molto di più ed è ovviamente più incline all'amore.

E' una rivendicazione del vostro spazio sacro e intimo.
Questo non vuol dire che dobbiate uscire da soli:
anche con gli amici va benissimo.
L'importante è che non ci sia silenzio a tavola.
Ben poche cose terrorizzano una donna più del silenzio di
una coppia al tavolo di un ristorante.
Per una donna significa che è tutto finito.
Se nemmeno la novità, una diversa situazione esterna
riesce a stimolare un qualsiasi tipo di scambio, per una
donna il rapporto è morto!
Sono sicura che vostra moglie nota subito le coppie che
stanno in silenzio tutto il tempo.
Vi dico anche i suoi commenti: guarda quei due... eh..
Che tristezza.
Come dice André Maurois:
" Un matrimonio felice è una lunga conversazione che
sembra sempre troppo breve."
Forse qualcuno di voi ricorda quando andava in onda il
Maurizio Costanzo Show.
Leggendario fu l'intervento di una coppia cresciuta
assieme, sposata da trent'anni, con non ricordo più quanti
figli, che lavoravano assieme tutto il giorno e che ...
Mettevano la sveglia alle 6 del mattino,
per fare l'amore tutti i giorni!!!
Nessuno poteva crederci.
Tutti chiedevano al marito (la moglie era seduta tra il
pubblico) l'incredibile segreto di una tale armonia
matrimoniale e sessuale.

L'uomo fece un esempio molto semplice, che troppi non afferrarono pienamente.

Disse più o meno così: "*se a lei piace la torta di carote, cerca di preparargliela o di fargliela trovare, il più spesso possibile*".

Per ridere o per imbarazzo, gli ospiti chiesero subito la ricetta della torta.

Il marito, invidiatissimo, con pazienza spiegò che si tratta solo di venire incontro, anche nelle piccole cose di ogni giorno.

Di che è fatto un matrimonio?

Soprattutto di piccoli gesti quotidiani;

che siano affettuosi e gioiosi per tutti noi!


Prima di lasciare la parola al Maestro devo, per amor di onestà, ammettere che tra le donne si celano delle femmine.

Sono persone di sesso femminile, che non hanno sviluppato le qualità e le virtù di una Donna.

Vedo disgraziatamente che il loro numero è in aumento.

Sono persone che scimmiottano il peggio dei maschi, aggiungendovi il peggio dell'astuzia femminile.

Se vi siete imbattuti in una di esse, lasciatela alla sua perfidia.

Se potete perdonarla, fatelo; ma per voi stessi.

A volte sono solo vittime, altre volte nascono così.

*Come accorgersene subito?*

Per mia esperienza, posso solo dirvi che in esse non riscontrerete mai o quasi mai un'attenzione o un gesto materno nei vostri confronti, nemmeno dopo qualche mese di conoscenza.

Non si preoccuperà se avete mangiato, o tantomeno cosa avete mangiato.

Non si offrirà di smacchiarvi la camicia, ve lo farà soltanto notare.

Avete capito i segnali?

Certo sarà una draga a letto, ma poi scivolerà via.

Dico tutto questo con dolore, ma spero possa aiutarvi.


LA PAROLA AL MAESTRO:


Ovviamente ho chiesto a Totò d'intervenire direttamente nella stesura, senza limitarsi alla revisione e supervisione delle bozze.

In fondo, è a causa sua che sto scrivendo.

Se lui non m'avesse ispirata non sarei qui a frustare la tastiera, alzandomi ogni venti minuti per girare il ragù.

"Cornuto e mazziato", risponde il mio coniuge.

Vediamo cos'altro s'inventa oggi;

grazie Totò e a te la parola:


"Un saluto, cordiale e ammirato, per chi è riuscito a leggere fin qui.

Non è da poco, oggi, leggere qualcosa per il nostro puro piacere: ce ne manca il tempo;

e la voglia è annacquata dalla stanchezza...
Scusate il fuori tema: sono di parte (vendo libri).
E, comunque, m'è servito per rompere il ghiaccio.
Eccomi qui ... Puttana sputtanata!!!
Beh... Se mia moglie gradisce, al punto da credere che
possa essere utile scriverci su;
se è tanto intrigata e stimolata...
... Vuol dire che il matrimonio "viaggia"!!!

Se così è, vuol dire che, oltre ai presupposti
fondamentali, sono presenti anche altre cosette:
un po' d'ironia, di leggerezza...

Per far le cose serie (e siamo tutti d'accordo che il
matrimonio è una cosa seria...) occorre anche non
prendersi troppo sul serio.
Tutte le volte che si può.
O che ci si riesce (abbiamo appena litigato!)

Ragazzi!!! ... Bisogna GIOCARE!!!!!!!!!!!!!!!!!!!!!!!!

...O la Vita quotidiana ci ha rincoglioniti a tal punto da non
comprendere più che splendida Occasione abbiamo, ad
avere accanto a noi una Donna?

Ecco... Recuperare la nostra Sacra P interiore
Significa reimparare a Giocare.

E non sto parlando di calcio o di qualche altro sport.
O di corse in macchina, o di andare a caccia o di qualsiasi altro modo in cui si sono "evoluti" i nostri maschi giochi infantili.
Non sto parlando neanche di uomini che giocano con altri uomini.

Sto parlando di qualcosa di diverso:
imparare a giocare con la donna.
Con la VOSTRA Donna!!!

...In una coppia, le Sacre P si stimolano a vicenda: ci sono momenti di Leggerezza in cui tutto scorre e frizza e lo Spirito nutre...

Certo: ci dev'essere voglia di andare in questa direzione; diversamente, vi aspetta solo cupezza e scialba quotidianità.

Ricordatevi: la Sacra P si esprime solo ogni tanto, a momenti.
Ma sono quei Momenti, che fanno la differenza.
Riempiono i vuoti.
Ci fanno sentire meno stanchi.
Illuminano le giornate.

Lieve e gaia, la Sacra P riesce a lubrificare i rapporti; anche (perché no) al di fuori della coppia.

E' un tonico universale.

Che tu sia la Benvenuta
Piccola e Immensa Puttana!!! "


Così parlo Totò.
Ora capite chiaramente i miei riferimenti ai puntini di
sospensione...
Certo, credo che mio marito sia rimasto un po' plagiato
dallo stile futurista, ma credo anche che sia una sua
particolare forma di rispetto per lo spazio mentale di chi
lo legge... Oppure... (Santi Numi, ha contagiato anche me
con sti puntini di sospensione – il rischio osmosi è sempre
in agguato) Oppure provoca, come spesso ama fare.
Quando sarò certa di aver capito ve lo dirò.

*Per approfondire......*

Ovviamente, esistono migliaia di testi e di tesi molto più seri e purtroppo seriosi del presente; ma se volete sia divertirvi che scoprire qualche altra sfumatura dell'immenso mondo relazionale, consiglio assolutamente:

- l'opera teatrale: CAVEMAN.
E' esilarante, riderete per ore.
Tutto quello che dice è verissimo per quasi tutte le coppie.
Ho cercato e continuo a cercare il dvd in Italiano, ma non l'hanno ancora prodotto.
Peccato: dovrebbe essere in tutte le case.

- Un libro che ci ha concretamente aiutati a litigare di meno: "Perché le donne non sanno leggere le cartine e gli uomini non si fermano mai a chiedere",
di Allen e Barbara Pease.
Due ricercatori che spiegano differenze genetiche, culturali e molto altro, in maniera anche divertente.

- Piccolo manuale di "sbagasciamento".
Lo trovate sul sito:
www.cominciodame.it

- Ma, soprattutto, sposatevi in chiesa;
non perché io sia una bacchettona bigotta.

Ma perché, a volte, nonostante tutta la buona volontà, l'amore e il metodo Totò, ci vuole proprio l'intervento diretto dello Spirito Santo.

- Non disprezzare le tante diversità tra voi e noi: sono proprio i motivi per cui stiamo ancora insieme. Non ci sarebbe nulla da scoprire, da capire, non ti arricchiresti di altri punti di vista.
Anche le donne si stancano ogni tanto e perdono, forse, troppo tempo per cercare spiegazioni.
Arrivai al punto, qualche anno fa, di litigare con Dio - sì, proprio con LUI - dopo l'ennesima delusione.
Gli dissi: ma che motivo Avevi di creare gli uomini così?
Dopo qualche ora mi rassegnai, e capii che non potevo dire di amare Dio senza amare la metà delle Sue creature. E, finalmente, dopo anni di preghiera, trattati su trattati, discussioni infinite con le amiche, camminate sui carboni ardenti, sedute psicoanalitiche e pellegrinaggi in tutti i santuari del nord Italia, ho risposto a un annuncio di Totò in internet.
Anche la vostra Donna vuole capirvi.
Vuole essere felice con voi, altrimenti non vi avrebbe mai sposato.
Ricordatevi sempre che non è lei il nemico.
Il nemico si cela nel silenzio, nelle incomprensioni, nell'orgoglio, nella poca pazienza e nella mancata cura quotidiana dell'amore che vi ha uniti.
Felice vita matrimoniale, tutti i giorni!